Dieses Buch gehört:

_____

Der Bücherbär
1. Klasse

Liebe Eltern,

jedes Kind ist anders. Manche kennen bereits alle Buchstaben
in der Vorschule und können erste Wörter lesen. Andere Kinder
lernen das Abc in der Schule. Für das spätere Leseverhalten
ist es jedoch völlig unerheblich, wann das Alphabet gemeistert
wird. Wichtig aber ist der Spaß am Lesen – von Anfang an.
Deshalb ist das Bücherbär-Erstleserprogramm konzeptionell auf
die Fähigkeiten und Bedürfnisse der Kinder abgestimmt.

Dieses Buch richtet sich an Leseanfängerinnen und Leseanfänger
in der 1. Klasse. Die besonders übersichtlichen Leseeinheiten und
kurzen Zeilen sind ideal zum Lesenlernen. Das Hervorheben
der Sprechsilben hilft dabei, ein Wort richtig zu lesen und zu
verstehen. So kann jede Sprechsilbe erkannt werden: Idee, Radio.
Zusätzlich regen lustige Rätsel und Verständnisfragen zum
Nachdenken und zum Gespräch über die Geschichten an. Denn
Kinder, die viel Gelegenheit zum Sprechen haben, lernen auch
schneller lesen.

Ihr Bücherbär

Empfohlen von Westermann

Die besten Pony- und Pferdegeschichten

Arena

Ein Verlag in der Westermann Gruppe

FSC
www.fsc.org

RECYCLED
Papier aus
Recyclingmaterial
FSC® C110508

BLAUER ENGEL
DAS UMWELTZEICHEN
MI6

www.blauer-engel.de/uz195
• ressourcenschonend und
  umweltfreundlich hergestellt
• emissionsarm gedruckt
• überwiegend aus Altpapier
Dieses Druckprodukt ist mit dem Blauen Engel ausgezeichnet

Der Bücherbär
1. Auflage 2024
© 2024 Arena Verlag GmbH
Rottendorfer Straße 16, 97074 Würzburg
Alle Rechte vorbehalten
Dieser Band enthält:
„Ponygeschichten" von Karin Müller
mit Illustrationen von Anna-Lena Kühler,
„Pferdegeschichten" von Maja von Vogel
mit Illustrationen von Julia Bierkandt,
„Spannende Pferdegeschichten" von Karin Müller
mit Illustrationen von Julia Gerigk
Cover: Julia Gerigk
Gesamtherstellung: Westermann Druck Zwickau GmbH
Gedruckt in Deutschland
ISBN 978-3-401-72026-5

Besuche den Arena Verlag im Netz:
www.arena-verlag.de

Inhalt

Karin Müller
liebt Tiere und Geschichten, seit sie denken kann.
Also hat sie irgendwann beides zu ihrem Beruf gemacht.
Sie lebt mit ihrer Familie und vielen Tieren
in einem kleinen Hexenhaus mit großem,
wildem Garten in der Nähe von Hannover.

Anna-Lena Kühler
wurde 1983 geboren und ist in der Nähe von Hannover
aufgewachsen. Studiert hat sie Kommunikationsdesign
mit dem Schwerpunkt Illustration in Wiesbaden.
Bei der Arbeit helfen ihr viele Figuren auf dem Schreibtisch
und für das Glück unterwegs hat sie immer eine Bastelei
ihrer Tochter dabei. In ihrem nächsten Leben möchte
sie eine Katze werden, um endlich genauso entspannt
zu sein wie ihr Vorbild Bob Ross.

Karin Müller

Ponygeschichten

Mit Silben, Bilder- und Leserätseln

Bilder von Anna-Lena Kühler

Die Geschichten

In diesen Geschichten spielen mit:

Bommel

Ella

die Reitlehrerin

Lisa

Paul

Emmi

Schwierige Wörter im Text:

Reitschule

Zauberzucker

Armbanduhr

Turnier

Futterkammer

Applaus

Das Monster in der Decke

Ella ist neu in der Reitschule.
Sie kennt niemanden,
aber sie hat ein Geschenk
von ihrer Mama dabei.
Ella hat Zauberzucker
in der Tasche.

14

Damit ist man mutig
und kann sehen,
was andere nicht sehen.
Mit Ella lernen noch Paul,
Lisa und Emmi reiten.
Im Stall hängt eine Liste.
„Ella, du hast Bommel",
sagt Lisa.

KIND — PONY

ELLA — BOMMEL
PAUL — POLDI
LISA — EFI
EMMI — LULU

„Oh, ist der süß!",
findet Ella und freut sich.

Die anderen Kinder
schütteln die Köpfe.
„Nein, der ist fies",
sagt Lisa.
Emmi und Paul nicken.
„Kann sein", sagt Ella nur.

Sie öffnet die Tür der Box.

Die anderen warten gespannt.

Bommel reißt das Maul auf

und fletscht die Zähne.

Alle Kinder rennen weg.

Ella bleibt stehen.

Sie packt

den Zauberzucker fester.

Ihr Herz klopft.
Ach so, Bommel gähnt nur!
Aber er will nicht aus der Box.
Was hat er nur?
Bommel starrt die Decke an,
die am Eingang hängt.
Ella nimmt den Zauberzucker
in die Hand.

Sie guckt noch mal hin.
Jetzt sieht sie,
was ihm Angst macht:
Da ist ein fieses Monster!
Ella muss Bommel retten!

Sie streut Zauberzucker
auf ihre Gerte.
Jetzt ist das ein Schwert!

Ella ruft: „Ha!",
und Bommel schnaubt.
Zusammen jagen sie
das Monster fort.

„Was machst du da, Ella?"
will Lisa wissen.
Ella zwinkert Bommel zu.

„Wir haben
ein Monster verjagt!",
erklärt sie Lisa stolz.
„Ach Ella, du spinnst",
sagt Lisa und lacht.

„Kann sein", sagt Ella fröhlich.
Der Rest ist ein Geheimnis
zwischen Bommel und ihr.

Womit erschreckt Bommel
alle Kinder außer Ella?

Welches Pferd ist hier nur einmal zu sehen?
Kreise ein.

Der rosa Elefant

Im Reitstall findet heute
ein Turnier statt.
Alle zeigen,
was sie gelernt haben.
Ella und Bommel schauen zu
und verkaufen Lose.

TURNIER

In der Halle
sind Hindernisse aufgebaut.
Aber das erste Pony scheut.
Und auch alle anderen,
die danach dran sind.

Immer in derselben Ecke
werden die Ponys nervös!
Ella wundert sich.

Bommel macht große Augen
und will weglaufen.
Aber Ella hält ihn fest.
Alle laufen durcheinander.
Was ist denn da nur los?

„Die Ponys sehen
rosa Elefanten!",
schimpft die Reitlehrerin.

„So können wir nicht reiten",
sagt Lisa.
Paul und Emmi wollen
auch nicht runterfallen.
Zum Glück hat Ella
ihren Zauberzucker dabei.
Damit sieht sie,
was andere nicht sehen.

Ella pustet ihn in die Luft.
Da entdeckt sie
den rosa Elefanten.
Es stimmt wirklich!
Er sitzt traurig in der Ecke
und macht Musik.

Nur Ella und die Tiere
können ihn sehen und hören.
Ella geht hin und steckt
den Elefanten in die Tasche.
Alle machen große Augen.
Sie können den Elefanten
ja nicht hören oder sehen.

Ohne Zauberzucker
geht das nicht.
Aber die Ponys atmen auf.

Mit den Kindern meistern sie
ruhig und brav die Hindernisse.
Alle bekommen viel Applaus.

„Was war denn da los?",
fragt Lisa am Ende.
„Ein rosa Elefant", sagt Ella.
Bommel nickt.

„Ach Ella, du spinnst", sagt Lisa.
„Aber das war richtig gut."
Bommel wiehert.
Und Ella lacht: „Kann sein."

Was machen Ella und Bommel
auf dem Turnier?

Welches Pony findet den Weg durch den Garten?

Was findet das Pony auf □ □ □ seinem Weg?

Diebe im Stall

In der Reitschule
passieren seltsame Dinge!
Lisa findet ihre Ohrringe
nicht mehr.
Und die Armbanduhr
der Reitlehrerin ist weg.

32

Gibt es hier etwa einen Dieb?
Sogar Ellas bunter Stein
ist nicht mehr da.
Wer klaut wohl so was?
„Der ist ja gar nichts wert!",
sagt Lisa.

Ella ist trotzdem traurig.
Aber Bommel tröstet sie.

Die anderen Kinder
fürchten sich vor dem Pony.
Aber Ella hat Zauberzucker.
Damit sieht man,
was andere nicht sehen.
Daher weiß Ella,
dass ihr Bommel
nur oft Angst hat.

„Wartet. Ich nehme Elise!",
ruft die Reitlehrerin.
„Ich bin sofort zurück."
Elise ist ein neues Pony.
Lisa und Emmi stupsen sich an.
„Willst du Elise führen?",
fragen sie Ella.
Ella freut sich.

Sie hat nicht zugehört.

Das Pony kommt ein Stück mit.

Dann schnaubt Elise plötzlich

und schubst Ella in den Mist.

„Mist!", sagt Ella.

Die Kinder lachen.

Aber was glitzert denn da?

Die Mädchen schauen sich an.

Das ist doch die Uhr
der Reitlehrerin!

Vielleicht liegen noch mehr
Schätze im Mist?
Sie graben den Haufen um.
Aber da ist nichts.
Elise schüttelt den Kopf.
Wo schaut sie hin?

37

Ella zeigt nach oben.
Dort haben
die Elstern ihr Nest.
Das sind die Diebe!
„Gut gemacht!",
lobt die Reitlehrerin Ella.
Und Elise bekommt einen Zopf.
Jetzt kann sie besser sehen.

Warum verhält sich Pony Elise
so komisch?

Finde die folgenden Wörter und kreise sie ein:

HUF   ELLA

SATTEL

BOMMEL   FELL

B O H P S F
O M U K A B
M E F L T V
M T A Y T D
E X C W E Z
L F E L L A

Der Geist im Stroh

In der Futterkammer spukt es.
Das glauben
zumindest die Kinder.
Sie schicken Ella vor.
Die soll gucken,
was da so quietscht
und knarzt und raschelt.

Futterkammer

Ella hat keine Angst.
Sie hat Zauberzucker dabei.
Damit ist man mutig
und kann sehen,
was andere nicht sehen.

Ganz hinten in der Ecke
unterm Stroh liegt die Katze.

Sie hat vier kleine Babys.
Oh, sind die süß!

Die Kinder kommen herein
und auch der Hofhund.
Das geht so nicht.
Bei dem Krach können
die Kleinen nicht schlafen.

Die Katze flüchtet
mit ihren Babys durchs Fenster.
Sie holt eins nach dem anderen
und trägt sie fort.
Die Kinder sind traurig.
Ella will allein sein.
Also geht sie zu Bommel.

Alle anderen
fürchten sich vor dem Pony.
Dabei ist Bommel
nur sehr ängstlich.
Es raschelt im Stroh.

Spukt es hier jetzt auch?
Das verraten wir nicht.

Wer ist der Geist
in der Futterkammer?

Welcher Weg führt zur Wiese?

A   B   C

Lösungen

Seite 21: Bommel erschreckt die anderen Kinder, weil er gähnt und so alle seine Zähne zeigt.

Seite 22:

Seite 30: Ella und Bommel verkaufen Lose.

Seite 31: Bommel findet auf seinem Weg HEU.

Seite 38: Pony Elise verhält sich komisch, weil sie wegen ihrer langen Mähne nicht richtig sehen kann.

Seite 39:

Seite 44: Was die Kinder für einen Geist halten, ist nur die Katze mit ihren Jungen.

Seite 45:

Maja von Vogel
wurde 1973 geboren und wuchs im Emsland auf.
Sie studierte Deutsch und Französisch, lebte ein Jahr in Paris
und arbeitete als Lektorin in einem Kinderbuchverlag, bevor
sie sich als Autorin und Übersetzerin selbstständig machte.
Heute lebt Maja von Vogel in Norddeutschland.

Julia Bierkandt
wurde in Süddeutschland geboren und wuchs in Luxemburg
auf. Sie studierte Modedesign und arbeitete viele Jahre als
Designerin für Kinderbekleidung. Daraus entstand ihre Leidenschaft
für Illustrationen, die die schönste Zielgruppe der Welt
ansprechen – Kinder. Heute lebt Julia Bierkandt mit
ihrem Mann und ihren Kindern in Reutlingen.

Maja von Vogel

Pferdegeschichten

Mit Bilder- und Leserätseln

Bilder von Julia Bierkandt

Die Geschichten

In diesen Geschichten spielen mit:

Mia und Schoki

Fohlen Rex, Küken Kai und Katze Liese

Lara und der Schimmel

Caro, Liv und Milli

Schwierige Wörter:

okay*
*sprich: okej

cool*
*sprich: kuhl

fauchen

die Fußsohle

die Hufspuren

Muffins*
*sprich: Maffins

Mia traut sich was

Mia und ihr Bruder Paul
machen Ferien
auf dem Reiterhof.
Heute ist ihr erster Tag.
„Lust auf einen Ausritt?",
fragt Reitlehrerin Anna.
„Cool!", ruft Paul.

Er reitet schon länger
und hat nie Angst.
Mia schon.
Anna zeigt auf
eine braune Stute.
„Das ist Schoki", sagt sie.
„Du reitest heute auf ihr."
Mia schluckt.

55

„Wetten, du hast Schiss?"
Paul sitzt schon im Sattel
und grinst.
Mia hat einen Kloß im Hals.
Schoki ist riesig.
Wie soll sie da raufkommen?

„Wie wäre es, wenn du erst mal
mit Schoki spazieren gehst?",
schlägt Anna vor.
„Damit ihr euch kennenlernt."
Mia nickt zögernd. „Okay."
Paul und die anderen Kinder
reiten gerade vom Hof.

Mia nimmt Schokis Zügel
und marschiert in den Wald.
„Super!" Anna lächelt Mia zu.
Auf einer sonnigen Lichtung
halten sie an.
„Willst du mal aufsteigen?",
fragt Anna.
Mia nickt zögernd.

Warum geht
Mia mit Schoki
spazieren?

„Huch, ist das hoch!",
ruft Mia erschrocken.
Ihr Herz klopft wie wild.
„Magst du zurückreiten?",
will Anna wissen.
„Ja", sagt Mia tapfer.
Sie krallt sich an den Sattel.
„Entspann dich", sagt Anna.

Mia lässt den Sattel los.
Es geht! Mia lächelt froh.
Als sie zum Hof kommen,
ist Paul schon da.
„Du reitest ja!",
ruft er verblüfft.
Mia grinst. „Na klar.
Ich trau mich eben was!"

Hier gibt es viele Dinge. Was braucht man zum Reiten?

Das Matsch-Monster

Fohlen Rex langweilt sich.
Die anderen Pferde dösen
in der Sonne.
„Wie öde!", wiehert Rex.
Er stupst gegen das Gatter
und schnaubt überrascht.
Es schwingt auf!
Fröhlich trabt Rex los.

Küken Kai saust zu Rex
und hüpft auf seinen Kopf.
„Hüa!", ruft Kai.
Rex dreht eine Runde.
Kai piepst begeistert.
Da huscht ein Schatten
über den Hof.
Es ist Liese, die Katze!

63

Sie macht einen Buckel
und fährt die Krallen aus.
Rex stoppt, und Kai purzelt
von seinem Kopf.
Die Katze faucht.
Hilfe! Was nun?
Rex wackelt mit den Ohren
und wiehert, so laut er kann.

Liese springt davon,
und Kai flitzt in den Stall.
Rex schnaubt erleichtert.
Er trabt zum Haus.
Und was sieht er dort?
Auf dem Fensterbrett
steht eine Schale
mit knackigen Äpfeln.

Rex läuft das Wasser
im Maul zusammen.
Er stibitzt einen Apfel
und beißt krachend hinein.
Plötzlich hört er ein Grunzen.
Die Schweine suhlen sich
hinter dem Haus im Schlamm.
„Mach mit!", rufen sie.
„Das ist saugemütlich!"

Rex nimmt Anlauf
und springt in den Schlamm.
Es spritzt nach allen Seiten.
„Jupidu!", wiehert Rex.
Dann blickt er in eine Pfütze
und bekommt einen Schreck.

„Hilfe, ein Matsch-Monster!"
Rex rast zurück zur Koppel.

Was sieht Rex
in der Pfütze?

Er erzählt den anderen,
was er erlebt hat.
„Das warst du selbst",
wiehert ein Pferd und lacht.
Rex schnaubt überrascht,
dann lacht er mit.

Hier stimmt etwas nicht.
Findest du sechs Fehler?

Ein traumhaftes Abenteuer

Lara liegt im Bett und hustet.
Sie fühlt sich sehr schlapp.
Dabei wollte sie doch
heute zur Reitstunde!
„Daraus wird nichts",
sagt Mama.
„Lies ein bisschen."
Lara gähnt.

Lesen ist langweilig.
Aber schlafen ist
noch langweiliger.
Lara nimmt ein Buch
und schlägt es auf.
Auf der ersten Seite
ist ein Bild
von einem Schimmel.

Lara liest:

„Es war eine dunkle Nacht.

Im Wald war es ganz still ..."

Da spürt sie feuchtes Gras

unter den Fußsohlen.

Nanu, was ist das?

Laras Bett ist verschwunden.

Sie steht in einem Wald.

72

Im Nacht**hemd**!
„Wo bin ich?",
wun**dert** sich Lara.
Ein wei**ß**es Pferd
ga**lo**ppiert auf sie zu.
„Hilf mir!", wie**hert** es.
„Der bö**se** Drache
ist hin**te**r mir her."

Lara überlegt nicht lange.

Sie springt auf. „Lauf!"

Das Pferd rennt los.

Die Bäume fliegen vorbei.

Lara krallt sich in die Mähne.

Der Drache faucht

und spuckt Feuer.

„Schneller!", ruft Lara.

Vor ihnen taucht
ein Wasserfall auf.
„Was jetzt?",
wiehert das Pferd.
„Spring!", ruft Lara.
Das Pferd macht einen Satz.
Es springt durch
den Wasserfall hindurch!

Zum Glück landen sie
in einer Höhle.
Der Drache bleibt zurück.
„Gerettet!", ruft Lara.
„Danke", sagt der Schimmel.

Lara blinzelt.
Sie ist wieder in ihrem Bett.
Hat sie alles nur geträumt?

Lächelnd streicht sie
über das Buch.
Lesen ist langweilig?
Von wegen!
Lara freut sich schon
auf das nächste Abenteuer
mit dem weißen Pferd.

Warum kann Lara
nicht zur Reitstunde?

Die Bilder hängen falsch.
Finde die richtige Reihenfolge.

Wo steckt Milli?

Caro stürmt in den Stall.
„Milli ist weg!", ruft sie.
„Sie ist ausgebüxt."
Liv springt auf.
„Wir müssen sie suchen!"
Milli ist das süßeste Pferd
auf dem ganzen Hof.
Und das frechste.

Ständig stellt sie etwas an.

Caro und Liv rennen los.

Sie laufen zur Weide.

„Da! Hufspuren!", sagt Liv.

Die Mädchen folgen ihnen

bis zur Straße.

Kein Pferd weit und breit.

Die Straße führt ins Dorf.

„Sieh mal!", ruft Caro.

Vor einem Haus steht Milli.

Mitten im Blumenbeet!

Ein Mann stürzt aus dem Haus.

„Hau ab, du freches Biest!",

schimpft er.

Schnell führen Caro und Liv

das Pferd weg.

„Der Mann war echt sauer",
sagt Caro bedrückt.
Liv nickt.
„Ich hab eine Idee!"
Sie pflücken ein paar Blumen,
die am Wegesrand wachsen,
und kehren zum Haus zurück.

Caro klingelt.

Ihr Herz klopft heftig.

Ob der Mann noch wütend ist?

Die Tür geht auf.

„Die sind für Sie!"

Liv überreicht den Strauß.

„Tut uns leid, dass Milli
die Blumen zertrampelt hat."

Warum war der
Mann sauer
auf Milli?

Der Mann lächelt.

„Wie nett von euch. Wartet!"

Er verschwindet in der Küche

und holt zwei Muffins.

„Danke!", rufen Caro und Liv.

Erleichtert beißen sie

in ihre Muffins.

Lecker!

Fünf Äpfel sind vom Baum gefallen. Findest du sie?

Lösungen

Seite 58:
Sie sollen sich kennenlernen.

Seite 61:
Diese Dinge braucht man
zum Reiten:

Seite 68:
Rex sieht sein Spiegelbild
in der Pfütze.

Seite 69:
Hier siehst du die sechs Fehler.

Seite 77:

Weil sie sich schlapp fühlt
und hustet.

Seite 78:

Das ist die richtige Reihenfolge:

Seite 83:

Weil Milli die Blumen
in seinem Beet
zertrampelt hat.

Seite 85:

Hier siehst du die fünf Äpfel.

Karin Müller

ist Autorin erfolgreicher Tier-Ratgeber und Kinderbücher. Sie studierte
an der Universität Lüneburg und arbeitete viele Jahre als Redakteurin für Zeitungen
und Radio. Heute lebt sie mit allen vierbeinigen und zweibeinigen Mitgliedern ihrer
Familie in einem urigen Fachwerkhexenhaus auf dem Land bei Hannover und denkt
sich wunderbare Geschichten rund um große und kleine Fellnasen aus.

Julia Gerigk

begleitet seit Kindheitstagen die Liebe zu Tieren und die Liebe zum Malen
und Zeichnen. Sie studierte Grafik und Design an der HTK in Hamburg und arbeitet
seitdem als freie Illustratorin und Malerin in ganz unterschiedlichen Bereichen.
Kinderbücher liegen ihr aber besonders am Herzen. Julia Gerigk lebt mit ihrer
Familie und ihren Hunden und Pferden in der Nähe von Hamburg.

Karin Müller

Spannende Pferdegeschichten

Mit Bilder- und Leserätseln

Bilder von Julia Gerigk

Die Geschichten

In diesen Geschichten spielen mit:

Lea und Fee

Sophie und Bella

Edda und Perla

Olli und Tim

Schwierige Wörter im Text:

der Mirabellenbaum

das Lieblingspony

tölten

der Umzugswagen

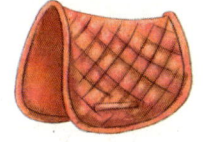

das Pad*
*sprich: Päd

die Schutzhütte

Überraschung

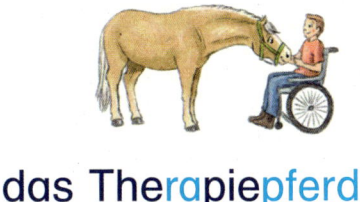

das Therapiepferd

Wer klaut hier Mirabellen?

Morgen ist der große Ausritt
mit Picknick am See
und Baden mit den Ponys.
Alle freuen sich darauf.

„Wer möchte Fee reiten?",
fragt Pia, die Reitlehrerin.
Ihr gehört der Ponyhof.

Fee ist Leas Lieblingspony.
Es ist das klügste und
schönste Pony von allen.
Marie und Lisa
sehen das leider genauso.
„Ich!", rufen alle drei
gleichzeitig.

Und jetzt?
Reitlehrerin Pia zeigt
auf einen Berg mit Kernen
unterm Mirabellenbaum.
„Wer herausfindet,
wie die da hinkommen,
darf Fee reiten", erklärt Pia
und lässt die Mädchen allein.

Lea klettert auf den Baum.
„Ich lege mich auf die Lauer",
sagt sie.

„Wozu denn das?", fragt Marie.
„Die fressen sicher die Stare.
Wie bei uns im Kirschbaum",
meint sie und geht zur Weide.

Lisa überlegt laut:

„Stare würden wir sehen.

Bestimmt war es ein Tier,

das nachts unterwegs ist.

Ich komme heute Abend wieder."

Dann geht auch sie.

Lea wartet,

aber nichts geschieht.

Das wird nichts, denkt Lea.

So fange ich keinen Dieb.

Da kommt Pias Sohn vorbei.

Er nascht von den Mirabellen

und spuckt die Kerne aus!

Lea freut sich.

Endlich eine Spur!

Sie ruft vom Baum herunter:
„Sind die Kerne alle von dir?"
Der Junge ist überrascht.
Er hat Lea nicht gesehen.

Hinter ihrem Rücken
geht Fee zum Mirabellenbaum.
Sie dreht sich um
und schubst den Baum an.

Es regnet Mirabellen!
Und fast noch Lea dazu.
Geschickt hüpft sie vom Ast.
Sie traut kaum ihren Augen.
Fee frisst alle Mirabellen auf!
„Oje, die Kerne!", ruft Lea.
Aber das Pony spuckt alle aus.
Das Rätsel ist gelöst!

Wer darf auf Fee zum See reiten?

Findest du sieben Unterschiede?

Bella ist weg!

Bellas Hufe trommeln
über den Waldboden.
Ihr Galopp ist so weich,
genau wie ihr Fell.
Sophie ist glücklich.
Sie kuschelt sich an Bella.
Es fühlt sich an wie fliegen.

Als der Wecker klingelt,
denkt Sophie sofort an Bella.
Aber heute kann sie nicht
in den Stall.
Sie muss beim Packen helfen.
Ihr Reithelm und die Stiefel
müssen auch in einen Karton.

Heute zieht Sophie um.

Der Umzugswagen ist da.

Alle tragen Möbel und Kisten.

Sophie steht nur im Weg.

Dann will sie sich wenigstens

von Bella verabschieden.

Sophie schleicht sich

aus dem Haus.

Sonst wiehert Bella immer,
wenn Sophie den Stall betritt.
Heute bleibt alles still.
Bella ist nicht auf der Weide
und nicht in der Halle.
Die Box ist auch leer.

Sophie fragt den Stallhelfer.

„Bella ist verkauft", sagt Paul.

„Sei nicht traurig.

Du ziehst doch eh weg."

„Aber ich wollte immer

mit dem Bus kommen!

Wo ist Bella jetzt?", fragt sie.

Paul weiß es auch nicht.

Zu Hause will Sophie
davon erzählen.
Aber niemand hat Zeit.
„Wo warst du denn?",
fragt Mama.
„Wir müssen los", sagt Papa.
Sophie ist einfach traurig.

„Der Nachbar hat Pferde",
will Mama Sophie trösten.
„Wir haben auch noch
eine Überraschung für dich."
Aber Sophie will nur Bella,
und Bella ist weg.

Da wiehert ein Pferd!
Sophie läuft sofort los.
„Bella!", ruft sie glücklich.
„Was machst du denn hier?"
Das ist also die Überraschung.
Jetzt ist das neue Zuhause
doch noch perfekt.

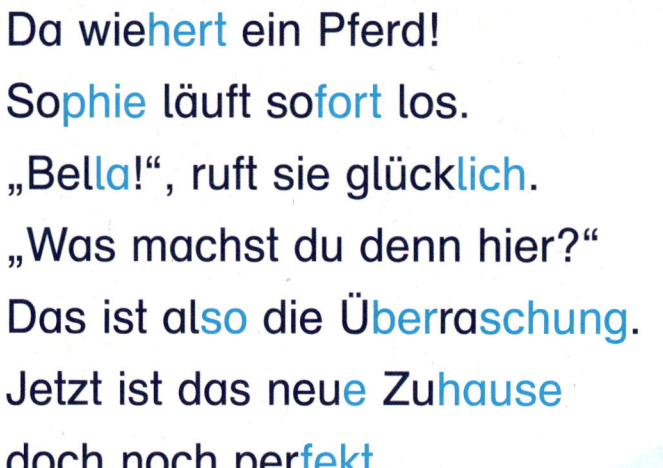

Wie wollte Sophie
ihre Bella besuchen?

Welches Pferd gibt es doppelt?

111

Schäfchen in Not

Auf Island weiden die Schafe
den ganzen Sommer lang
im Hochland.
Hier wächst das beste Gras.

Im Herbst werden die Tiere
wieder ins Tal getrieben.
Edda ist zum ersten Mal dabei.

Den ganzen Tag
sitzt Edda im harten Sattel
auf ihrer lieben Stute Perla.
Langsam wird es ungemütlich.
Es regnet, ihr Po tut weh,
und die Sonne geht unter.
Aber es fehlen immer noch
ein paar Schafe.

Da hört Edda ein Blöken.
Perla spitzt die Ohren.
Die Stute ist sehr erfahren.
„Wir machen das!",
ruft Edda ihrem Opa zu.
Sie lässt die Zügel lang.
„Komm, wir finden das Schaf!",
bestimmt Edda.

Blööööö
Blööööök

Es wird windiger und dunkler.

Das Blöken klingt weit weg

und dann wieder ganz nah.

Edda kann kaum etwas sehen.

Sie muss Perla vertrauen.

Die Stute töltet tapfer

über Stock und Stein.

Plötzlich wiehert Perla.

Weißt du, was tölten bedeutet?

Gefunden!
Da vorn ist ein Jungtier.
Aber wo sind Opa
und die anderen?
Edda, Perla und das Schaf
stehen ganz allein
auf einer Hochebene.

„Hilfe!", ruft Edda.
Plötzlich tanzen Lichter
um sie herum.
Edda wundert sich,
aber Perla läuft los.
Sie folgt den Lichtern
bis zu einer Schutzhütte.
Dort ist auch Opa
mit den anderen.

„So ein Glück!", sagt Opa.

Edda erzählt von den Lichtern.

Aber die sind verschwunden.

Opa ruft: „Danke!", ins Dunkel.

Er zwinkert ihr zu und meint:

„Ob das die Elfen waren?"

Wie viele Elfenhäuschen

kannst du entdecken?

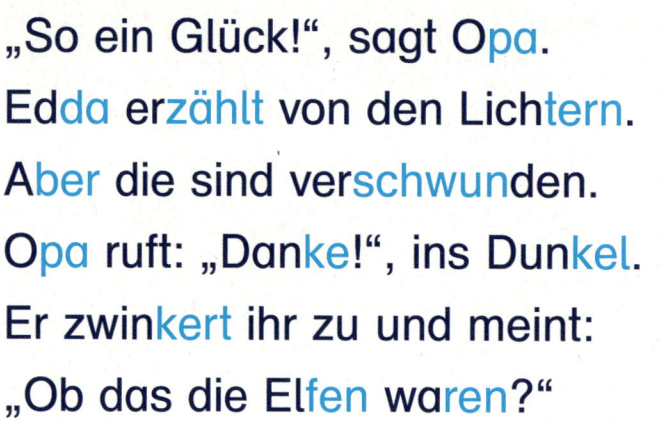

Ollis Welt

Olli ist der Kleinste
in der Reitschule.
Er ist etwas pummelig
und selten im Reitunterricht.
Die anderen ärgern ihn.
Er darf oft nicht mitspielen.
Olli ist traurig,
weil er anders ist.

119

Er will so gern
auch am Turnier teilnehmen.
„Du bist bestimmt zu klein",
stichelt Maxi.
„Du bist zu ungeschickt",
lästert Wind.
„Du bist etwas Besonderes",
sagt Frau Schmidt.

Die Reitlehrerin legt
ein großes Pad
auf seinen Rücken
und einen Gurt mit Griffen.
Diese Sachen braucht er
für seine Arbeit.
Ollis Herz klopft.
Aber er hat keine Angst.

Olli freut sich darauf,

was jetzt kommt.

Aber er wundert sich auch.

In der Reithalle

steht seine Rampe.

Die ist sonst nur da,

wenn Olli mit Tim arbeitet.

Die anderen Pferde staunen.

Tim wartet schon auf Olli.
Er ist Tims Therapiepferd.
Olli kann spüren,
was seinem Freund guttut.
Das ist seine Welt!
Und heute dürfen die beiden
beim Turnier mitreiten.
Welch eine Überraschung!

Ganz locker geht Olli
über die Wippe.
Auch den flatternden Vorhang
nimmt er mit Leichtigkeit.

Die beiden sind zwar nicht
die Schnellsten.
Aber sie bekommen
den größten Applaus.

Was unterscheidet
Olli von den
anderen Pferden?

Welche Schleife gewinnt Olli?

Lösungen

Seite 101:
Natürlich darf Lea
auf Fee reiten!

Seite 102:

Seite 110:
Sophie wollte mit dem Bus
zu Bella fahren.

Seite 111:

Seite 115:

Der Tölt ist der vierte Gang
der Islandpferde.
Dabei berührt immer ein Fuß
den Boden.
Das ist fast wie im Schritt,
nur viel schneller.

Seite 118:

Es sind drei Elfenhäuschen.

Seite 124:

Olli ist kleiner und pummeliger.
Er ist Tims Therapiepferd und
trägt ein Pad auf dem Rücken
samt Gurt mit Griffen.

Seite 125:

Olli gewinnt
die blaue Schleife.

Eine durchgehende Geschichte in Kapiteln

Die Spürnasen-Bande und der Fahrrad-Klau
978-3-401-71720-3

Ferien mit Lotti, dem kleinen Pony
978-3-401-71692-3

Juni, Lasse und der Monsterschreck
978-3-401-71612-1

Beste Freunde und ein tolles Abenteuer
978-3-401-71587-2

Jeder Band: Ab 5/6 Jahren • Eine durchgehende Geschichte in Kapiteln • Durchgehend farbig illustriert • 48 Seiten • Gebunden • Format 17,5 x 24,6 cm

Bildergeschichten erleichtern das Leseverständnis

Große Fibelschrift

Viele farbige Bilder

Zeilentrennung nach Sinneinheiten

Innenseite aus »Kleines Einhorn Funkelstern - Fliegen ist wie Zauberei«
978-3-401-71870-5

Diese Reihe richtet sich an Leseanfänger in der 1. Klasse. Mit der großen Schrift, den kleinen Kapiteln und den vielen farbigen Bildern macht das erste Lesen viel Spaß.

Empfohlen von Westermann

Eine durchgehende Geschichte in Kapiteln

Das Geheimnis der Piratendrachen
978-3-401-71580-3

Dino Oskar und das geheimnisvolle Ei
978-3-401-71725-8

Zwei Meermädchen und ein flossenstarkes Abenteuer
978-3-401-71610-7

Die Schulhof-Spione
978-3-401-71673-2

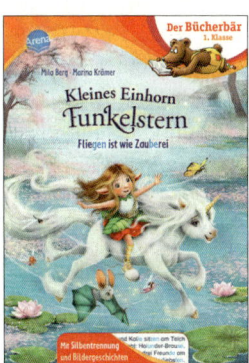

Kleines Einhorn Funkelstern - Fliegen ist wie Zauberei
978-3-401-71870-5

Beste Freundinnen und ein Geheimnis auf vier Pfoten
978-3-401-71674-9

Jeder Band: Ab 5/6 Jahren • *Eine durchgehende Geschichte in Kapiteln* • Durchgehend farbig illustriert • 48 Seiten • Gebunden • Format 17,5 x 24,6 cm

Diese Reihe richtet sich an Leseanfänger in der 1. Klasse. Mit der großen Schrift, den kleinen Kapiteln und den vielen farbigen Bildern macht das erste Lesen viel Spaß.

Empfohlen von Westermann

Themengeschichten mit Silbentrennung

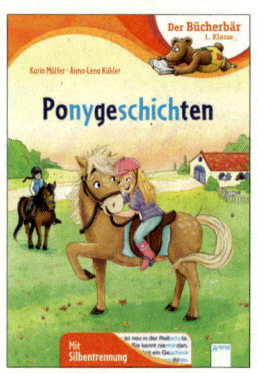

Fußballgeschichten
978-3-401-71535-3

Ponygeschichten
978-3-401-71568-1

Monstergeschichten
978-3-401-71650-3

Detektivgeschichten
978-3-401-71651-0

Jeder Band: Ab 6 Jahren • *Themengeschichten mit Silbentrennung* • Durchgehend farbig illustriert • 48 Seiten • Gebunden • Format 17,5 x 24,5 cm

Mit Silbentrennung

Einfache Geschichten
mit kurzen Zeilen

Viele farbige
Bilder

Große Fibelschrift und Zeilentrennung nach Sinneinheiten

Innenseite aus »*Hörnchen & Bär - Waldige Abenteuergeschichten*«
ISBN 978-3-401-71913-9

Diese Reihe ist auf die Fähigkeiten von Leseanfängern abgestimmt: Übersichtliche Leseeinheiten und kurze Zeilen sind ideal zum Lesenlernen. Das Hervorheben der Sprechsilben hilft dabei, ein Wort richtig lesen und verstehen zu können.

Empfohlen von Westermann

Der Bücherbär
1. Klasse

Themengeschichten mit Silbentrennung

Schulgeschichten
978-3-401-71563-6

Piratengeschichten
978-3-401-71672-5

Spannende Fußballgeschichten
978-3-401-71620-6

Tilda Apfelkern Freundschaftsgeschichten
978-3-401-71572-8

Hörnchen & Bär - Waldige Abenteuergeschichten
978-3-401-71913-9

Paul - Plötzlich Vampir!
978-3-401-72066-1

Jeder Band: Ab 6 Jahren • Themengeschichten mit Silbentrennung • Durchgehend farbig illustriert • 48 Seiten • Gebunden • Format 17,5 x 24,5 cm

Diese Reihe ist auf die Fähigkeiten von Leseanfängern abgestimmt: Übersichtliche Leseeinheiten und kurze Zeilen sind ideal zum Lesenlernen. Das Hervorheben der Sprechsilben hilft dabei, ein Wort richtig lesen und verstehen zu können.

Empfohlen von Westermann